Druck:
Amazon Media EU S.à r.l.
5 Rue Plaetis
L-2338
Luxembourg

Verleger:
Jan Scheungraber
Tannenweg 5
94161 Ruderting
Deutschland
Email: j.scheungraber@gmx.net

Made in the USA
Columbia, SC
14 May 2023

16381164R00069